L'ÉDUCATION UN BIEN COMMUN

Raymond Millot

Préface de Ludivine Bantigny

MASSOT ÉDITIONS

Dépôt légal : novembre 2021
ISBN : 978-2-38035-322-8

Couverture : Quintin Leeds
Correction : Magali Bertrand
Composition : L'atelier des glyphes

N° édition : X35322/61- Imprimé en France en octobre 2021
par la Nouvelle Imprimerie Laballery, 58500 Clamecy - N° 109845

Je crois en la nécessité d'organiser et de fédérer
des oasis de résistance de vie et de pensée,
de continuer à montrer la possibilité
de changer de voie.
Edgar Morin (*Le Monde*, 20 novembre 2020)

Je dédie cette réflexion à mon camarade et ami
André Béranger, militant infatigable pour les droits
de l'enfant, qui vient d'user publiquement
de son droit de mourir dans la dignité.

Dans cette brochure enlevée, pleine d'espoir et de propositions concrètes, Raymond Millot a raison de juger crucial le grand enjeu de l'émancipation. Car l'émancipation condense tant d'éléments décisifs pour repenser notre rapport à la vie, individuelle et collective : le partage des savoirs et des savoir-faire, le refus des hiérarchies écrasantes et des inégalités, la capacité à discuter, délibérer et décider, donc une démocratie vraie, face à tout ce qui l'entrave – aliénation, domination, exploitation...

Sa réflexion centrée sur l'éducation émancipatrice comme bien commun s'inscrit bien sûr dans le sillage d'expériences puisées au passé et au présent. Que l'on songe à la Commune de Paris : elle a non seulement instauré l'école gratuite et laïque, mais encore elle l'a conçue comme une école d'égalité, pour une émancipation de tous les enfants, quelle que soit leur appartenance sociale, une école qui ne reproduirait pas la division entre travail supposé « intellectuel » et travail supposé « manuel », une école dans laquelle l'enfant, considéré dans son esprit critique et son intelligence créatrice, était vu comme un sujet agissant et non un être passif, une pâte molle et malléable. Cette école de 1871 était en bien des aspects très différente de l'école conçue par Jules Ferry une décennie plus tard : école de classes – sans jeu de mots –, où d'un côté les enfants du peuple devaient surtout apprendre à lire-écrire-compter mais aussi l'obéissance, le devoir patriotique, la docilité dans le travail, et de l'autre côté les enfants des classes aisées se rendant dans les « petits lycées » pour ne pas se mêler au peuple, où on leur apprenait les sciences, les lettres et les arts comme s'ils leur étaient réservés. Jusqu'aujourd'hui où, dans le Chiapas mexicain, les zapatistes accordent à l'enfance et à l'éducation une place essentielle, avec une conception non capitaliste de la vie, en refusant elles et eux aussi la division inégalitaire du travail, en voyant les enfants comme des êtres infiniment créatifs, qui apprennent tout aussi bien la mathématique que le travail de la terre et l'ébénisterie.

Il est urgent de penser et pratiquer cette émancipation dans tous les domaines. Urgentissime, même, car la Terre brûle et le désastre infligé au vivant est un saccage terrible. À la notion d'« anthropocène » que rappelle ici Raymond Millot, on pourrait d'ailleurs préférer celle de « capitalocène ». Car l'humanité n'est pas responsable en tant que telle de ces ravages terrifiants : c'est bien plutôt un système productiviste, extractiviste, délétère et mortifère, le capitalisme, qui en est à l'origine. Le capitalisme se sait-il « aujourd'hui condamné », comme le souligne Raymond Millot ? Cela n'a rien de sûr : le capitalisme n'a aucune éthique, son fonctionnement est tout entier tourné vers une logique de l'expansion, du profit, de la concurrence et de la rentabilité. Et il ne mourra assurément pas de sa belle mort ; il est peu probable qu'il s'effondre de lui-même tel un château de cartes, sans luttes conscientes et immenses. De ce point de vue, chaque brèche compte pour convaincre de sa nocivité.

Et c'est pourquoi on sait gré à Raymond Millot de revenir sur l'importance décisive des solidarités, de la coopération, de l'entraide et des communs. Ce n'est là ni utopie ni naïveté. Nous n'avons plus d'autres choix, ou bien celui de fermer les yeux devant le désastre, en espérant seulement qu'il nous épargnera encore un peu.

Ludivine Bantigny

1. Un changement de paradigme ?

Si l'on retient la définition de Wikipédia, « paradigme, une manière de voir les choses, un modèle cohérent du monde qui repose sur un fondement défini », changer de paradigme permet d'éviter les malentendus qu'engendre aujourd'hui le concept historique de Révolution.

Au XVIIIe siècle, les Lumières symbolisent un changement de paradigme majeur. La pensée rationnelle a été de tous temps le privilège d'une minorité. Elle était clandestine (« Et pourtant elle tourne ! » – Galilée aurait « marmonné » cette phrase en 1633 –) et commence alors à s'imposer. Elle inaugure un vaste mouvement émancipateur qui combat au grand jour l'irrationnel, l'arbitraire, l'obscurantisme et la superstition des siècles passés. La science impose sa loi, donne naissance à un progrès matériel incontestable et, en même temps, à l'illusion fatale qu'il peut être sans limites (de nos jours : coloniser Mars, l'être humain « augmenté » – le « transhumanisme »...).

Le « développement » devient un horizon magique aussi bien pour le capitalisme que pour les systèmes prétendument « communistes »… et nous nous apercevons, un peu tard, qu'il a fait entrer la planète et l'humanité dans une nouvelle ère, l'anthropocène.

Au XXe siècle, la gravité de la situation ne frappe les esprits qu'en 1972, avec le rapport *Les Limites à la croissance*, porté par le Club de Rome. Ce rapport explore plusieurs hypothèses et démontre que, pour éviter l'effondrement, il faut abandonner la recherche d'une croissance exponentielle sans limite de production. L'idée d'une décroissance indispensable – différente d'une croissance zéro – est alors lancée, mais rapidement tournée en dérision. En 1974, René Dumont lance l'alerte lors de sa candidature à la présidence. Il n'est plébiscité que par 1,32 % des électeurs. Les alertes du Groupe d'experts intergouvernemental sur l'évolution du climat (GIEC), fondé en 1988, ne sont réellement entendues qu'au cours des années 2000.

Au XXIe siècle, à la suite des COP successives, la nécessité d'un nouveau changement de paradigme s'impose enfin. En France, la médiatisation de la COP 21 qui se tient à Paris en 2015 intéresse le grand public, dont la prise de conscience s'amplifie quand, en 2017, 15 364 scientifiques affirment : « Il sera bientôt trop tard. » Il faut néanmoins attendre le 27 mars 2020, soit cinq années après la COP 21 et les Accords de Paris, pour que 18 responsables d'organisations syndicales, associatives, s'engagent à « reconstruire ensemble un futur écologique, féministe et social, en rupture avec les politiques menées jusque-là et avec le désordre néolibéral », et lancent le slogan : « Plus jamais ça ! Préparons le jour d'après. »

2. Le mouvement émancipateur

Ce mouvement se manifeste vigoureusement, d'une manière inattendue, nous y reviendrons plus loin. Il a fort à faire : l'irrationnel, l'arbitraire, l'obscurantisme, ont pris des formes nouvelles ; les illusions engendrées par le progrès matériel, les ruses d'un capitalisme qui se sait aujourd'hui condamné et qui, pour survivre, est prêt à déployer des moyens financiers monstrueux et des techniques de conditionnement des esprits très sophistiquées. La chute du capitalisme, que la « baisse tendancielle du taux de profit » devait inexorablement provoquer, s'est trouvée en permanence reportée… Ce système a eu le temps d'élaborer des stratégies pour saper toute idée d'alternative collective. Il a réussi, avec un immense succès, à faire de l'individualisme une véritable philosophie. Il a misé sur la consommation de masse dont le processus commence au début du XXe siècle, symbolisé par Henry Ford (ses ouvriers doivent « déposer leur intelligence au vestiaire », mais peuvent devenir massivement propriétaires de leur Ford T). En France, le phénomène est plus tardif, mais le modèle américain s'est imposé. Pourtant ce modèle de croissance, la consommation, est aujourd'hui condamné. Les scientifiques en montrent les raisons au cours des années 1960-1970.

LES ILLUSIONS ENGENDRÉES PAR LE PROGRÈS MATÉRIEL, LES RUSES D'UN CAPITALISME QUI SE SAIT AUJOURD'HUI CONDAMNÉ ET QUI, POUR SURVIVRE, EST PRÊT À DÉPLOYER DES MOYENS FINANCIERS MONSTRUEUX ET DES TECHNIQUES DE CONDITIONNEMENT DES ESPRITS TRÈS SOPHISTIQUÉES.

La nécessité de changer globalement de paradigme reste donc aussi évidente que difficile à concevoir. Il importe d'y réfléchir sans tarder, champ par champ. Qu'il s'agisse de l'air, de l'eau, de la santé, les problèmes ne manquent pas, mais des solutions et accords sont imaginables. La biodiversité présente un défi plus grand : le phénomène d'extinction des espèces est engagé... Les obstacles sont légion.

Qu'en est-il du champ éducatif ?

3. L'éducation, un bien commun ?

Alors que la crise climatique appelle un nouveau projet de société, de nouveaux modes de vie, de production, de rapport à l'autre et à la nature, alors que se profile pour nos enfants un avenir préoccupant, nous constatons que l'éducation ne fait pas partie des « reconstructions » envisagées par les 18 organisations qui se proposent de « préparer le jour d'après ». Elle figure cependant dans :

— Les « 35 propositions » du livre *Retour sur Terre* (PUF, mai 2020), élaborées par Dominique Bourg, Gauthier Chapelle, Johann Chapoutot, Philippe Desbrosses, Xavier Ricard Lanata, Pablo Servigne et Sophie Swaton. La mesure 25, « réforme de l'éducation et de la recherche », entend « donner la part belle à la coopération et la créativité ».

— La « Déclaration » du CNNR (Conseil national de la nouvelle Résistance) du 27 mai 2020 qui l'intègre dans la liste de ce qu'il considère comme des

« biens communs » : l'air, l'eau, la biodiversité, la santé, l'éducation.

L'idée de « biens communs » à préserver apparaît évidente aujourd'hui. Sur le plan de la santé, les populations du monde entier imaginent aisément que la science en fait partie, et que ses découvertes, comme les vaccins, devraient être à l'abri des intérêts commerciaux... Concernant l'air, c'est également une évidence, d'autant plus pour les habitants des grandes agglomérations, comme les Pékinois qui ne voient plus les étoiles et respirent un mélange de gaz nocifs et même de sable. Etc.

La notion est moins immédiate pour l'éducation. Nous nous proposons ici de comprendre pourquoi.

L'idée était implicite en 2015 dans le « manifeste pour une éducation à la citoyenneté planétaire » intitulé *Pour vivre ensemble à 10 milliards, changeons l'éducation* et rédigé par quelques personnalités, éducateurs, responsables associatifs et politiques espérant être entendus par la COP prévue à la fin de l'année à Paris. Manifeste ignoré à l'époque...

En avril 2020, quelques pédagogues, préoccupés eux aussi par « le jour d'après », lancent un appel aux parents et aux enseignants, où ils affirment que :

— « demain, leurs enfants vont devoir vivre dans un monde où la solidarité, la coopération, la mobilisation de toutes les formes d'intelligence seront indispensables pour faire face, pour résister, pour trouver des solutions ».

— l'actuel système éducatif « ne correspond en aucune façon à cet avenir », « son but principal est de

L’ACTUEL SYSTÈME ÉDUCATIF « NE CORRESPOND EN AUCUNE FAÇON À CET AVENIR », « SON BUT PRINCIPAL EST DE SÉLECTIONNER LES ÉLÈVES POUR RÉPONDRE AUX BESOINS DU SYSTÈME CAPITALISTE, AVEC POUR HORIZON LA CONSOMMATION ET POUR RÉSULTAT, L’ACCROISSEMENT DES INÉGALITÉS ».

L'ÉDUCATION EST UN BIEN COMMUN QUI, EN TANT QUE TEL, NE DOIT PAS DÉPENDRE D'UN QUELCONQUE POUVOIR POLITIQUE OU ÉCONOMIQUE, MAIS FAIRE L'OBJET D'UNE CONSTRUCTION COLLECTIVE ÉVOLUTIVE ÉLABORÉE DÉMOCRATIQUEMENT.

sélectionner les élèves pour répondre aux besoins du système capitaliste, avec pour horizon la consommation et pour résultat, l'accroissement des inégalités ».

— « l'éducation est un bien commun qui, en tant que tel, ne doit pas dépendre d'un quelconque pouvoir politique ou économique, mais faire l'objet d'une construction collective évolutive élaborée démocratiquement ». Ils titrent leur site en conséquence : www.educationbiencommun.

Ils mettent en avant trois objectifs :

— développer les capacités de résilience en donnant la part belle à la coopération, à la créativité et au développement des sciences citoyennes et participatives ;

— permettre au potentiel d'intelligence et de créativité de chaque individu de s'exprimer au service de son propre équilibre et du développement qualitatif de la société, notamment par la création dans le domaine artistique ;

— favoriser les démarches émancipatrices et solidaires dans l'esprit des premiers temps du mouvement ouvrier.

Début 2020, en l'espace de quatre mois, de nombreuses convergences se sont réalisées. Elles se trouvent brusquement masquées par l'irruption du coronavirus.

En 2021, la crise sanitaire occupe toujours les esprits alors que l'avenir de nos enfants et petits-enfants se dessine avec de plus en plus d'acuité. Il nous faut donc sans attendre lancer des initiatives, trouver les mots et les arguments susceptibles d'être compris par l'opinion publique. Le concept de « biens communs » offre cette possibilité. Il importe d'en faire une évidence, d'imaginer les processus de transition, d'envisager des expérimentations, s'il le faut des actes de « résistance », de désobéissance civile.

Les citoyens qui se mobilisent face au dérèglement climatique doivent concevoir que l'école a un rôle important à jouer dans la mobilisation qui s'impose et ne pas se laisser abuser par les directives ministérielles qui n'en font qu'un point de programme. Les jeunes qui sont nombreux à contester le fonctionnement du système éducatif pourraient être associés à une réflexion audacieuse, notamment l'idée avancée par l'appel d'avril 2020 : l'éducation « ne doit pas dépendre d'un quelconque pouvoir politique ou économique », idée qui aurait pu être imaginée lors de la Commune de Paris. Aujourd'hui, elle s'attaque à un tabou qui s'est construit précisément après et contre la Commune : l'école des « hussards noirs de la République »... l'école de Jules Ferry.

4. L'école de la République, un tabou ?

« L'école de la République » a presque cent cinquante ans. La mettre en question semble profanatoire...

Déjà, en 1964, Pierre Bourdieu et Jean-Claude Passeron font scandale quand ils publient *Les Héritiers* (Éditions de Minuit, 1964), où la culture de l'école est analysée comme une institution reproduisant les inégalités, puis quand ils démontrent en 1970 que « l'École produit des illusions dont les effets sont loin d'être illusoires : ainsi, l'illusion de l'indépendance et de la neutralité scolaires est un principe de la contribution la plus spécifique que l'École apporte à la reproduction de l'ordre établi. »

Déjà, en mai 1968, des impertinents avaient osé détrôner Jules Ferry en exhumant ses discours. Celui de 1879 : « Il est à craindre que d'autres écoles ne se constituent, ouvertes aux fils d'ouvriers et de paysans, où l'on enseignera des principes totalement opposés, inspirés peut-être d'un idéal socialiste ou communiste emprunté à des temps plus récents, par exemple à cette époque violente et sinistre comprise entre le 18 mars et le 24 mai 1871 »... Celui de 1885 : « Il faut dire ouvertement qu'en effet les races supérieures ont un droit vis-à-vis des races inférieures. » Ils soulignaient l'intention explicite de formatage : former des citoyens respectueux de l'ordre bourgeois, des patriotes fiers de l'œuvre civilisatrice dans les colonies, prêts à mourir pour la Patrie (ce qui n'a pas manqué). Jusqu'en 1968, dans toutes les classes, la journée devait commencer par une leçon de morale. Son résumé devait être calligraphié, après la date, sur le « cahier du jour ». L'inspecteur pouvait contrôler...

Après 1968, le besoin d'une réforme de « l'école de la République » s'est manifesté à plusieurs reprises.

L'Institut national de recherche pédagogique (INRP) entendait y travailler d'une manière pragmatique avec ses écoles expérimentales. L'espoir que les modes d'organisations et les pédagogies éprouvés pourraient réformer le système s'est avéré illusoire.

LE POUVOIR POLITIQUE QUEL QU'IL SOIT, « DÉMOCRATIQUE » OU TOTALITAIRE (EN MODE FASCISTE OU STALINIEN) NE PEUT PRENDRE LE RISQUE DE NOURRIR UNE ÉCOLE RÉELLEMENT ÉMANCIPATRICE – QUI PRODUIRAIT DES CITOYENS CAPABLES DE LE DÉMASQUER...

En 2010 l'Appel de Bobigny a rassemblé à cet effet, exceptionnellement, presque toutes les associations et syndicats – une quarantaine – pour exiger « une véritable politique publique de l'éducation à la hauteur des enjeux démocratiques du XXIe siècle » et appeler « la Nation à se mobiliser pour les moyens de sa mise en œuvre ». La démarche est sans précédent historique… La perspective des élections présidentielles de 2012 laissait espérer une réforme… modérément audacieuse. On connaît la suite… Hollande, Macron.

En 2021, il s'agit là encore d'imaginer un système éducatif « à la hauteur des enjeux du XXIe siècle » non seulement « démocratiques », mais aussi écologiques et sociaux. Il faut pour cela oser remettre en question l'institution, s'affranchir du tabou et envisager les moyens d'opérer le changement.

5. Éducation : changer de paradigme…

Il va falloir surmonter des obstacles et utiliser les atouts que le monde d'aujourd'hui nous propose.

• Les obstacles

L'illusion réformiste

Ce qui importe pour aborder le changement aujourd'hui nécessaire, c'est de convaincre l'opinion que cette idée de réforme a toujours été une illusion. Le pouvoir politique quel qu'il soit, « démocratique » ou totalitaire (en mode fasciste ou stalinien) ne peut prendre le risque de nourrir une école réellement émancipatrice – qui produirait des citoyens capables de le démasquer…

Les faits pour s'en convaincre…

En 1947, le « plan Langevin Wallon », né dans le cadre du Conseil National de la Résistance, s'opposait au « divorce entre l'enseignement scolaire et la vie » qui « dépouille l'enseignement de son caractère éducatif ». Après l'éviction du PCF, le gouvernement Ramadier accepte l'expérimentation… 18 000 élèves sont répartis dans 750 « classes nouvelles » – effectifs réduits à 25 ; nombreuses séances en demi-classe ; enquêtes et études de milieux ; travaux manuels ; travaux en petits groupes ; devoirs surveillés ; une heure de l'emploi du temps des professeurs consacrée au travail en équipe. Une circulaire du 30 mai 1952 supprime les « classes nouvelles » sous prétexte d'étendre leurs méthodes à toutes les classes… Il n'en sera rien !

En juillet 1968, De Gaulle est de retour « aux affaires ». Habilement, il choisit pour ministre de l'Éducation Edgar Faure, dont la loi d'orientation (novembre 1968), selon Wikipédia, « surprend la classe politique, qui la vote aussi bien à gauche qu'à droite, les communistes s'abstenant. Elle marque une rupture dans l'enseignement français en intégrant des revendications de mai 68, notamment la participation à la gestion des établissements de tous les acteurs de l'enseignement et la facilitation de l'interdisciplinarité… ». « Rupture » suivie de l'enlisement prévu.

En 1981, Mitterrand choisit Savary (issu du PSU), qui veut poursuivre la réforme. En supprimant la sélection à l'entrée des facs, il provoque une importante manifestation de la droite et des « élites » étudiantes. Il est remplacé par Chevènement qui s'empresse de « siffler la fin de la récréation ».

En 2013, Peillon laisse espérer un nouveau souffle, mais la mise en œuvre de sa loi de la « refondation de l'école » par la voie habituelle des directives nationales sans discussions préalables empêche cette refondation. Son Conseil national d'évaluation du système scolaire – CNESCO –, conçu pour être une instance indépendante, sera dénaturé en 2019 par Blanquer qui en désignera lui-même la majorité des membres au sein du CEE (Conseil d'évaluation de l'école).

Blanquer arrive en 2017. Sa loi pour une École de la confiance de 2019 précise que « plusieurs éléments doivent faire l'objet d'un affichage dans toutes les salles de classes des établissements scolaires : drapeau tricolore, drapeau européen, les paroles de l'hymne national, la devise de la République, *Liberté, Égalité, Fraternité* »... Retour à Jules Ferry et aux hussards de la République !

Il importe donc de constater que les espoirs progressistes sont systématiquement compromis par les alternances politiques. L'idée de vouloir avancer, et « ne pas dépendre d'un quelconque pouvoir politique ou économique », est de ce fait justifiée et implique d'abandonner toute illusion concernant une hypothétique réforme institutionnelle.

Les conservatismes

L'idée d'éducation comme bien commun constitue une alternative qu'il s'agit d'explorer. Elle va se heurter à différents conservatismes dont il faut donner les caractéristiques principales…

Les parents

Pour beaucoup d'entre eux, l'école publique est un service d'autant plus précieux qu'il leur permet de travailler. Leurs mécontentements concernent les moyens matériels insuffisants, le nombre trop élevé d'enfants par classe, le manque de remplaçants. Ils apprécient la disponibilité et la qualité des professeurs. Quand ce n'est pas le cas, ils le déplorent, mais se résignent. Ils estiment parfois que les enfants ont trop de devoirs, mais n'imaginent pas que les devoirs puissent être faits à l'école, dans le cadre du temps scolaire. La pédagogie leur semble un domaine réservé. Ils apprécient quand leurs enfants sont heureux d'aller en classe. L'école maternelle est une garderie souvent estimée, mais ils en ignorent largement la fonction éducative.

Ils continuent de croire que l'école primaire peut permettre une « promotion sociale » si leurs enfants « travaillent bien ». Quand un professeur met en œuvre une pédagogie participative, « ouverte » sur la vie sociale, ils sont capables de l'apprécier, mais leurs préoccupations concernant les risques de « retard » se manifestent rapidement. La possibilité d'apprendre sous d'autres formes, en interconnectant les matières, n'est envisageable que si les parents sont associés à la réflexion. Cette concertation faisant des parents des « coéducateurs » est exceptionnelle et relève du volontariat des professeurs.

LA POSSIBILITÉ D'APPRENDRE SOUS D'AUTRES FORMES, EN INTERCONNECTANT LES MATIÈRES, N'EST ENVISAGEABLE QUE SI LES PARENTS SONT ASSOCIÉS À LA RÉFLEXION. CETTE CONCERTATION FAISANT DES PARENTS DES « COÉDUCATEURS » EST EXCEPTIONNELLE ET RELÈVE DU VOLONTARIAT DES PROFESSEURS.

Les professeurs des écoles et du secondaire

Mise à part une minorité, ils sont résignés. Trop peu sont conscients de leur fonction dans la reproduction sociale. Ils constatent le mensonge de « l'égalité des chances » tout en voulant croire que ce qui était bien pour eux doit pouvoir l'être pour tous. Ils subissent souvent les conséquences de l'absence de mixité sociale et de formation initiale ou continue renouvelée et, surtout, les absurdités d'un système qui rend impossibles les initiatives innovantes. Ils ont très rarement été formés aux pédagogies actives ou alternatives, et quand ils l'ont été de manière intensive, en quelques demi-journées, ils ne bénéficient pas de retours d'expériences. Trop peu de temps pour les échanges, le travail en équipe ; trop de temps pour évaluer, renseigner des tableaux de compétences, s'adapter aux nouvelles technologies.

Quant aux enfants, ils deviennent de moins en moins faciles… certains, peu nombreux mais agressifs, contestent le bien-fondé de la laïcité. En même temps, ces professeurs aiment leur métier et, au collège, en dépit du poids des programmes, de l'absurdité des horaires, de la menace de voir le principal remplacé par un manager (ou de le devenir), beaucoup s'efforcent de dialoguer avec les élèves comme le faisait Samuel Paty. Le sort terrible de ce professeur d'histoire fait jaillir une question que beaucoup se posent et peu partagent : la liberté d'expression doit-elle être un point du « programme » ou une attitude culturelle qui se construit dès l'école maternelle ?

La société

Selon les sociologues François Dubet et Marie Duru-Bellat, l'illusion créée par le progrès quantitatif dispense de faire la critique du système. Il est vrai que 78,6 % de nos jeunes gens obtenaient déjà le baccalauréat en 2012 contre 5 % en 1950. Mais le nombre d'enfants d'ouvriers accédant aux grandes écoles et donc aux différentes sortes de pouvoirs, est devenu infime : « la distillation scolaire est aussi une distillation sociale ».

Le rôle sélectif d'un système, vantant l'égalité des chances, exaltant le mérite, est majoritairement accepté comme une loi naturelle (celle de la jungle ?). Y compris par les deux sociologues qui souhaitent « attendre de l'école démocratique de masse qu'elle mette en œuvre une compétition équitable, capable d'annuler les effets des inégalités sociales pour faire émerger un pur mérite sur lequel pourraient se bâtir des inégalités justes ».

Les « crises » climatique, sanitaire, démocratique montrent que la compétition ne nous permettra pas de sortir d'un système, le système capitaliste, qui en est à l'origine. La coopération, l'entraide, les communs doivent être au centre de nos vies, de notre quotidien, et donc de notre système éducatif. « L'entraide », cette « autre loi de la jungle » qu'évoquent Pablo Servigne et Gauthier Chapelle...

Les militants

La petite minorité qui adhère aux mouvements pédagogiques et leurs sympathisants, ainsi que certains syndicalistes (« l'école émancipée ») qui, au-delà du corporatisme, étaient porteurs d'un projet

MAIS AUJOURD'HUI, LE CHANGEMENT DE PARADIGME QUE NOUS IMPOSE LE CHANGEMENT CLIMATIQUE CONSTITUE UNE NOUVELLE PERSPECTIVE QUI DEVRAIT LES REMOBILISER.

pédagogique alternatif, pratiquent eux aussi une forme de résignation. Ils attendent sans y croire, et sans l'avouer, le gouvernement progressiste qui réalisera une nouvelle réforme (et que le prochain détricotera). L'Appel de Bobigny a été la dernière manifestation de cet espoir. Une nouvelle fois déçu. Les luttes qui ont suivi se sont trouvées privées de perspective… Mais aujourd'hui, le changement de paradigme que nous impose le changement climatique constitue une nouvelle perspective qui devrait les remobiliser.

• Les atouts

Les parents

On a vu que leurs conceptions sont plutôt conservatrices, mais elles sont néanmoins progressivement influencées par le mouvement émancipateur. Les parents des classes moyennes et « supérieures » se sont intéressés les premiers aux idées de Françoise Dolto. Ils ont été attentifs aux démarches d'apprentissage des tout-petits, le langage des yeux, l'apprentissage de la marche, du langage… Ils admettent que pour cela nul besoin de programmes, de leçons ou d'évaluations. Ils ont constaté les différences dans le rythme de développement de leurs enfants, appris à ne pas en tirer de jugements hâtifs sur les « retards ». Ils ont apprécié l'école maternelle qui élargissait l'univers de leur enfant, en commençait la socialisation, favorisait la créativité.

En confiant leurs petits de 6 ans à l'école élémentaire, ils peuvent avoir le sentiment que cette étape initiatique (souvent) cruelle est nécessaire pour entrer dans la jungle humaine, tout en sachant que l'égalité des chances est un attrape-nigaud. Avec la crise sanitaire, ils viennent de constater que les enfants souffrent d'être privés d'école, mais sont conscients que c'est plus les copains et copines que les leçons qui leur ont manqué.

Encore faut-il remarquer que leur ouverture d'esprit est liée au fait que leurs enfants, grâce à leur bagage culturel, ont peu de chance d'être marginalisés par le système...

Par ailleurs, ils ont eu connaissance de la COP 21, de l'appel des 15 000 scientifiques et sont pour beaucoup convaincus que leurs enfants doivent accéder à la pensée systémique pour comprendre les événements à venir et pour y remédier.

L'opinion publique

La majorité des citoyens est aujourd'hui assez informée pour comprendre que dans le monde qui se prépare, « nos » enfants vont devoir vivre dans un monde où la solidarité, la coopération, la mobilisation de toutes les formes d'intelligence, seront indispensables pour faire face, pour résister, pour trouver des solutions.

Les nouveaux outils de la démocratie

Le besoin d'une démocratie participative, la volonté d'être entendus (mouvements des Gilets jaunes, Nuit debout), semblent trouver une réponse avec les conventions citoyennes... (l'exemple islandais d'une constituante pour réformer la constitution ; celui irlandais qui a abouti à deux révisions constitutionnelles majeures : la légalisation du mariage homosexuel et de l'avortement ; la Convention citoyenne pour le climat en France où les 150 participants montrent eux aussi leur détermination à être entendus...). Il sera possible de fonder le projet de l'éducation comme bien commun par le recours à des « conventions citoyennes pour l'éducation ».

Le mouvement émancipateur

L'espoir d'une « émancipation du prolétariat » a connu beaucoup de déceptions. Les raisons sont multiples et ont fait l'objet de nombreuses analyses. En revanche, la moitié de l'humanité dominée depuis la nuit des temps entre avec succès dans le processus émancipateur. Elle a affirmé ses droits et pris la parole au cours des années 1960-1970 (contraception, droit à l'avortement, MLF). Le mouvement s'amplifie, se mondialise. Il se manifeste aujourd'hui, d'une manière inattendue et fulgurante...

MeToo : les femmes prennent la parole (et cessent d'attendre que la lutte des classes reprenne victorieusement et les libère, en même temps que le prolétariat ou sans doute après). Le mouvement né avec l'activiste afro-américaine Tarama Burke en 2007 se déploie en 2018.

MeToo Incest : à partir de 2021, de nombreux adultes (ceux qui exhument des souvenirs enfouis) surmontent la honte et prennent la parole pour dire qu'ils ont été abusés dans leur famille, à l'église, et dans de multiples institutions.

Libération sexuelle, contraception, droit à l'avortement (années 1960-1970), marches des fiertés homosexuelles (1969), réflexions sur le genre, sur le droit à mourir dans la dignité (2021).

Et, au-delà des droits de la personne :

Les Gilets jaunes, ceux du moins qui, pour prendre la parole, cherchent d'autres formes de démocratie, ont été précédés en 2010 par les Indignés (2011-2015) et par le mouvement Nuit debout né en 2016 en opposition à la loi travail.

Greta Thunberg, qui à 15 ans lance « la grève scolaire pour le climat », symbolise une jeunesse qui affirme qu'elle est la première concernée par le sombre avenir que nous lui avons préparé. Le mouvement Extinction Rebellion, né en 2018, prend une ampleur internationale au printemps 2019. Il appelle à la désobéissance civile face à la gravité de la crise écologique et radicalise sa lutte.

6. Éducation émancipatrice

Le mouvement émancipateur devrait aussi concerner les enfants. Leurs aliénations sont nombreuses. Mais ils n'ont ni les moyens ni le statut leur permettant de « prendre la parole ». Tous les parents et éducateurs qui s'en soucient sont dans l'obligation d'examiner le problème dans sa complexité ...

METOO INCEST
LÈVE ENFIN
LE VOILE SUR
UN TABOU
MONSTRUEUX.
IL Y AURAIT,
STATISTIQUEMENT,
UN CAS D'INCESTE
PAR CLASSE.

MeToo Incest lève enfin le voile sur un tabou monstrueux. Il y aurait, statistiquement, un cas d'inceste par classe. Les enfants battus ne sont pas dénombrés. Tous subissent les guerres, les pandémies. Les psychiatres révèlent les dégâts, la société en est maintenant informée par les médias qui donnent la parole aux enfants et aux adolescents tentés par l'autodestruction (scarifications, pensées suicidaires)... Des faits divers dramatiques (meurtres, suicides) lèvent un autre voile, le harcèlement au collège, à l'école aussi, mais les enseignants très souvent ne le perçoivent pas, tout à leur programme, leurs évaluations, leurs problèmes de discipline, le constat décevant du désintérêt des élèves face à ce qu'ils ont charge de transmettre, et de leur fascination par les réseaux sociaux.

Les citoyens ont ignoré jusqu'en 2021 que, sur 10 affaires d'inceste et de crimes sexuels commis sur les enfants, 7 sont classées sans suite, la parole de la victime étant insuffisamment précise ! Certains membres de la magistrature se sont préoccupés du scandale. Ils font appel à des psychologues qui s'efforcent de décrypter cette parole, de trouver les éléments du contexte (matériel, relationnel, culturel) qui la détermine.

L'enfant abusé en prenant la parole s'émancipe. Il dit lui-même MeToo incest ! En soupçonnant, consciemment ou non, leurs collègues d'indulgence pour les crimes patriarcaux, les magistrats donnent le sentiment qu'ils s'émancipent de « l'esprit de corps ».

Face aux graves aliénations évoquées, il faudra trouver des lieux et des temps pour qu'elles se révèlent. Une formation des différents professionnels de l'éducation devrait porter sur des situations qui se sont présentées, des projets qui ont été réalisés et qui ont rendu possibles des prises de conscience et des processus émancipateurs.

Des aliénations moins graves, mais nombreuses, affectent l'ensemble des enfants.

« Obéis ! », « Tais-toi et mange », « Tu es trop petit pour parler de ça »... Dans le même temps, on reconnaît davantage que l'enfant est une personne, sans toujours considérer qu'elle est en construction. S'émanciper de la tradition éducative patriarcale multi-millénaire va demander du temps.

À l'école, au collège, les pédagogues qui se préoccupent d'émancipation sont confrontés à une institution marquée elle aussi par le patriarcat. Les « maîtres » sont chargés de « transmettre » leur savoir à des « élèves » qui doivent le mémoriser, le restituer et si possible en faire bon usage. Le rapport de domination est plus ou moins sévère et les mauvais élèves sont souvent des enfants qui s'en émancipent.

Au cours du XXe siècle, des personnalités ont contesté le système dominant de « transmission des savoirs » : en Espagne, Francisco Ferrer avec *L'École moderne* (une centaine d'écoles en 1907) promeut la mixité, l'égalité sociale, la transmission d'un enseignement rationnel, l'autonomie et l'entraide ; aux États-Unis, John Dewey estime qu'on « apprend en faisant » (« Learning by doing ») ; en France, Célestin

L'ACCÈS AU SAVOIR N'EST PAS ÉMANCIPATEUR EN SOI, COMME LE PRÉTENDAIT JULES FERRY. IL LE DEVIENT S'IL S'AGIT D'UN SAVOIR « CONSTRUIT », DÈS LA PETITE ENFANCE, PAR LA PRATIQUE SYSTÉMATIQUE DE LA RÉFLEXION INDIVIDUELLE ET COLLECTIVE, PAR L'EXERCICE DE L'ESPRIT CRITIQUE.

Freinet favorise le tâtonnement expérimental ; en Belgique, le docteur Ovide Decroly part des centres d'intérêt de l'enfant. Ils ont tous agi hors du système, ou ont dû en sortir comme Freinet.

Ces derniers ont ainsi, bien avant Françoise Dolto, considéré les enfants comme des personnes qu'on doit respecter en tant que telles. À leur suite, l'éducation « nouvelle » s'est développée tout en restant ultra-minoritaire, mais l'expérience accumulée permet de considérer qu'aujourd'hui, dans le cadre des changements à venir, il est possible et nécessaire d'envisager un projet éducatif pour l'anthropocène dans la perspective émancipatrice.

La rupture avec le modèle ancestral maître-élève, transmission-restitution, peut être comprise par les parents si on leur explique que l'on n'enseigne pas la parole aux enfants, que tous apprennent à parler parce qu'ils en ont le besoin et le désir, qu'il est possible et bénéfique de procéder de même avec l'écrit. Cette pédagogie, initiée par le Dr Decroly, s'est avérée très satisfaisante et a montré que la préoccupation émancipatrice ne s'oppose pas aux apprentissages, et qu'au contraire, elle leur donne du sens et fait reculer les inégalités sociales.

C'est possible pour l'écrit comme pour d'autres matières. L'accès au savoir n'est pas émancipateur en soi, comme le prétendait Jules Ferry. Il le devient s'il s'agit d'un savoir « construit », dès la petite enfance, par la pratique systématique de la réflexion individuelle et collective, par l'exercice de l'esprit critique et par la transmission, au moment opportun, des savoirs établis. Moment qui ne peut être fixé dans des programmes.

Les pédagogues qui s'emploient à cette rupture fondent les apprentissages sur des projets petits ou grands qui font vivre des situations, mettent les élèves en recherche, dans la nécessité d'analyser, d'approfondir, de s'intéresser aux théories scientifiques, de faire les efforts pour les comprendre et en retenir les enseignements. C'est « la pédagogie du projet », c'est aussi celle des « chefs-d'œuvre » pratiquée en Belgique, où le système est plus souple qu'en France. Divers ouvrages, comme *Du Chef-d'œuvre pédagogique à la pédagogie du Chef-d'œuvre ; introniser en humanité* de Léonard Guillaume, Jean-François Manil et Charles Pepinster (éd. Chroniques sociales, 2018), en développent théorie et pratique.

7. Conjuguer « éducation-bien commun » et éducation émancipatrice

Préalablement, l'usage du concept de « bien commun » doit être questionné...

La biodiversité est un bien commun. Les plantes, les animaux ne peuvent « prendre la parole », lancer leur « MeToo violence », mais il est possible et urgent d'agir pour enrayer « l'extinction » et rétablir les équilibres vitaux.

Les enfants sont « porteurs de notre avenir ». En ce sens, ils constituent « un bien commun » particulièrement précieux. Il leur est difficile de prendre la parole, de se faire entendre. Un « MeToo école » révélerait sans doute beaucoup d'injustices, de souffrances, de gâchis intellectuel, ce que l'éducation considérée comme bien commun se propose d'éviter.

Pour aller au fond du problème, il importe d'examiner la question des enfants comme « bien commun ».

Les enfants comme objets du « bien familial »

L'enfant a constitué longtemps aussi un « bien » qu'on possède. Un objet du patriarcat. Il peut être une ressource pour la famille (enfant placé chez un patron, enfant mendiant, mariages monnayés, enfant prostitué, enfant guetteur ou porteur de drogue, charge explosive pour un attentat, etc.). Un objet de fierté ou de honte. Un objet sexuel. Un objet de chantage quand les géniteurs se séparent. Un simple objet qu'on rejette (filles « déshonorées »), qu'on abandonne : enfants des rues (qui souvent font ce choix pour échapper à un destin détestable et ainsi s'émancipent !). Etc.

L'enfant a été jusqu'au milieu du XXe siècle un objet que la famille formate pour transmettre ses « valeurs », elles-mêmes fruits d'un formatage social. La reproduction familiale s'est longtemps réalisée. Les garçons y bénéficient encore d'un statut privilégié, les filles commencent à en prendre conscience.

Les enfants (et les adolescents) comme objets du « bien social »

Les sociétés « primitives » peuvent accorder une grande liberté aux enfants, mais leur imposent de se conformer à la culture du groupe social (rites d'initiations, etc.). Ils restent objets, outils, facteurs de la « reproduction sociale ».

Il est d'actualité de s'interroger, en termes d'émancipation, sur les abus de pouvoir, mais aussi sur les coutumes, les traditions, qui servent à dominer les enfants. En France, ils ont été considérés très longtemps comme un bien. Le père de famille, mais aussi l'Église, avaient la charge de les conditionner. L'Église voulait conserver ce privilège au début du XXe siècle. Ses écoles sont encore nombreuses aujourd'hui, fréquentées principalement par les enfants des classes privilégiées. Les classes populaires bénéficient de l'école laïque et sont, pour le moins, protégées de ce conditionnement. Le scandale qui se révèle aujourd'hui (plus de 10 000 enfants abusés sexuellement par des prêtres pédophiles que la hiérarchie protège encore) montre la face sombre du concept de « bien social » : l'enfant est un objet qu'on peut encore massivement torturer; maltraitance qui deviendra parfois (souvent ?) un facteur de reproduction du crime. La mansuétude passée de la justice mérite d'être interrogée...

L'État moderne peut gérer la population en tant que « bien social ». Une politique nataliste (avec criminalisation de l'avortement et de la contraception) a été développée après la guerre de 14 et jusqu'en 1974. Inversement, la Chine de Mao a mené une politique de l'enfant unique, non sans conséquences négatives... Il est encore indécent de considérer que la terre est surpeuplée !

L'ENFANT A ÉTÉ JUSQU'AU MILIEU DU XXe SIÈCLE UN OBJET QUE LA FAMILLE FORMATE POUR TRANSMETTRE SES « VALEURS », ELLES-MÊMES FRUITS D'UN FORMATAGE SOCIAL. LA REPRODUCTION FAMILIALE S'EST LONGTEMPS RÉALISÉE.

L'éducation des enfants est un investissement, qu'on ajuste à chaque époque.

Du temps de Jules Ferry, l'école publique devait éduquer une future main-d'œuvre, sachant suffisamment lire et compter pour satisfaire les besoins de l'économie, et la formater au profit d'une morale conservatrice et du patriotisme (avec l'Histoire comme « roman national »). Les futurs cadres allaient au « petit lycée », filière élémentaire au sein du lycée, bénéficiant de faibles effectifs, où ils avaient accès à la culture, au latin, au grec, à la musique... Leur formatage prenait d'autres formes et contribuait à la légitimation de la classe dominante.

La jeunesse apparaît plus précisément aujourd'hui comme bien et comme objet (outil, matière...) pour assurer la reproduction sociale, pour répondre aux projets de l'économie, pour subir les conséquences des choix économiques et politiques.

Le juriste Alain Supiot a abordé cette notion de « bien social » concernant les jeunes adultes transformés en « objets ». Dans une leçon du Collège de France, il a décrit l'application du taylorisme à la conduite de la guerre de 1914 :

« Mobilisation totale » – toute existence est convertie en énergie. La guerre « gigantesque processus de travail ». L'ordre militaire impose son modèle à l'ordre public. Mobilisation totale dans une « guerre économique perpétuelle et sans merci » au sein d'un « marché total ».

Il cite Norbert Wiener : « Les pays se sont transformés en gigantesques usines produisant des armées à la chaîne afin d'être en mesure de les envoyer 24 heures sur 24 au front où un processus sanglant mécanisé joue le rôle du marché… turbine alimentée en sang humain. »

« L'école de la République », celle de Jules Ferry (on l'a vu) et celle de Jean-Michel Blanquer (qui s'en veut le successeur), considère l'enfant comme « bien social », objet au service de l'économie capitaliste, comme le jeune combattant, objet au service des offensives militaires dont parle Norbert Wiener.

Il n'y a là rien d'exagéré : il suffit d'examiner les faits suivants.

Le Conseil supérieur des programmes suggère de focaliser l'école maternelle sur quelques apprentissages ciblés (appartenant aux « fondamentaux ») qui seront intensément travaillés. La grande section (5 ans) doit devenir la propédeutique d'un CP chargé d'enseigner la lecture de la manière la plus archaïque (prétendument justifiée par des travaux sur le cerveau).

L'école maternelle a longtemps été le lieu où l'idée « l'enfant est une personne » était presque implicite. Blanquer balaie cette idée gauchiste : il expérimente un questionnaire concernant les 2-3 ans entrant à la maternelle. Où il faut cocher « Agité, répondeur, désordonné, rebelle ».

Il s'agit de faire entrer ces enfants dans le moule scolaire, de transformer ces petites personnes, au plus vite, en objets, pour qu'à 6 ans, le Cours Préparatoire puisse plus facilement les conformer

MÊME ENCORE PETITS, ILS PEUVENT AVOIR CONSCIENCE QUE CE SONT LES ACTIVITÉS HUMAINES QUI NOUS ONT FAIT ENTRER DANS UNE ÈRE NOUVELLE, L'ANTHROPOCÈNE. ILS VONT AVOIR LA TÂCHE DE FAIRE FACE AUX DÉRÈGLEMENTS DE LA NATURE QUE NOUS AVONS ENGENDRÉS ET D'ÉVITER « L'EXTINCTION » DE NOTRE ESPÈCE.

aux objectifs des programmes. Une sorte de rite d'initiation cruel pour beaucoup, si l'on considère le nombre de blessures, d'humiliations voire de mutilations de la personnalité qu'il engendre.

8. Les enfants comme sujets du bien commun

Nos enfants subissent déjà les conséquences de nos erreurs. Même encore petits, ils peuvent avoir conscience que ce sont les activités humaines qui nous ont fait entrer dans une ère nouvelle, l'anthropocène. Ils vont avoir la tâche de faire face aux dérèglements de la nature que nous avons engendrés et d'éviter « l'extinction » de notre espèce.

Ils sont à ce titre un « bien commun » précieux dont la qualité est déterminante pour la survie de l'humanité. À cet effet, les reconnaître sujets et faire cesser toutes les traditions et pratiques qui en font des objets est une condition majeure de leur réussite. C'est pourquoi nous avons voulu mettre l'accent sur le rôle émancipateur de l'éducation et adhérons à l'idée que celle-ci soit également un « bien commun » qui doit échapper aux aléas politiques. De nombreux chercheurs, comme Edgar Morin, ont défini les « savoirs nécessaires à l'éducation du futur ». Nous avons seulement tenté de réfléchir, en partant de notre expérience militante dans les domaines pédagogiques et politiques, à ce qu'implique l'appel que nous avons initié en mars 2020 en faveur d'une « éducation pour faire face au jour d'après » (développer les capacités de résilience, permettre au potentiel d'intelligence et de créativité de chaque individu de s'exprimer, etc.)

Réflexion qui demande à être approfondie... divers spécialistes, philosophes, sociologues, anthropologues, historiens, pourraient s'y intéresser.

9. Éducation, bien commun... mise en œuvre

Les propositions qu'il nous est possible de faire sont le fruit d'une expérience exceptionnelle. Elle a concerné un quartier neuf de 10 000 habitants. Un ensemble de circonstances a permis à la municipalité de Grenoble d'en faire, au plan scolaire, un quartier expérimental concernant 5 groupes scolaires et un collège. Le projet éducatif et pédagogique a fait l'objet d'un débat, un peu dans l'esprit des conventions citoyennes.

Ce débat public que nous avons initié a été ouvert à tous les citoyens souhaitant participer à cette réflexion. Il a eu lieu en 1971 et a bénéficié de l'effervescence « soixante-huitarde » et de la riche vie associative grenobloise. Les mouvements d'éducation populaire, les mouvements pédagogiques, les syndicats s'y sont intéressés, mais aucun ne pouvait revendiquer une autorité particulière, attitude de principe qui les a irrités (ils estimaient détenir eux-mêmes les solutions)... Des « commissions » ont travaillé 3 mois et élaboré un projet de charte définissant les grands objectifs :

travail en équipe, dialogue avec les parents et autres « coéducateurs », absence de notes, de punitions, de devoirs à la maison, respect des rythmes de développement, ouverture sur la vie du quartier. Les enseignants volontaires s'engageaient dans ce qu'on a appelé des « recherches-actions » pour explorer l'intérêt de ces objectifs et les mettre à l'épreuve et choisir les organisations et la pédagogie permettant de les réaliser au mieux. Pour les groupes scolaires dits « Maisons des Enfants », ce fonctionnement a duré 30 ans.

L'expérience grenobloise esquissait l'idée d'une éducation « bien commun ». Elle devait composer avec le système éducatif d'État , mais en s'inscrivant dans le cadre de la recherche, elle a permis à des centaines d'enseignants de s'engager dans la mise en œuvre d'une éducation émancipatrice et responsabilisante, d'y associer les parents et le quartier, de sorte qu'il a été possible de résister longtemps à la volonté normalisatrice de l'administration.

On pourrait imaginer la généralisation d'une telle démarche grâce à l'institution de l'éducation comme bien commun et à la nécessité de transformer au plus vite nos modes de vie, pour passer du quantitatif au qualitatif.

Tout le corps enseignant serait invité à se mobiliser, mais un appel à volontaires pour organiser la participation des enfants et des adolescents aux initiatives locales obtiendrait sans doute l'adhésion de milliers d'enseignants et de centaines d'associations d'éducation populaire. Cette mobilisation pourrait s'inscrire dans le cadre d'une recherche nationale et régionale avec des moyens correspondant à l'ampleur de la tâche. Il n'est pas possible d'aller plus loin dans ces propositions tirées de l'expérience. Mais une réflexion approfondie sur le passage d'un ministère de l'Éducation (et du conditionnement) à une institution de gestion du bien commun permettrait d'envisager des dispositifs pour faire de l'éducation et de l'émancipation des enfants « l'affaire de tous ».

Des outils de démocratie participative comme les conventions citoyennes permettraient de présenter les réalisations, de soulever des questions et d'envisager différentes solutions. Ces conventions pourraient être une des institutions reconnues pour éclairer la politique de bien commun.

Il est possible d'imaginer l'effervescence que produirait le passage de l'éducation dans le bien commun. La réflexion engagée ici ne prétend pas répondre à tous les problèmes qui en découleraient. Elle permet d'énoncer quelques objectifs, philosophiques et pratiques, destinés à être approfondis, mais surtout de proposer un horizon à tous les professionnels qui se désespèrent au sein d'un système archaïque et à tous les parents qui ne se résignent pas au conditionnement de leurs enfants.

10. Un horizon !

— Éducation comme bien commun et non plus outil d'une politique d'État

IL EST POSSIBLE ET SOUHAITABLE D'IMAGINER LES CONTOURS D'UN INSTITUT DE L'ÉDUCATION ET DE L'ÉMANCIPATION, OÙ LES ENSEIGNANTS N'AURAIENT QU'UN POUVOIR PARTAGÉ AVEC DES SCIENTIFIQUES, DES SOCIOLOGUES, DES PSYCHOLOGUES, DES MÉDECINS, DES REPRÉSENTANTS ET DES PARENTS SOUCIEUX DE FAIRE DE L'ÉDUCATION « L'AFFAIRE DE TOUS ».

— Émancipation comme philosophie d'une éducation individuelle et collective

— Implication des enfants et adolescents dans les projets et les luttes relevant de la transition

— Construction des savoirs, y compris fondamentaux, sur la base des implications locales

— « Développer un sens d'appartenance au monde » (cf. *L'Éducation en anthropocène*, éd. Le bord de l'eau, 2019, ouvrage collectif dirigé par Nathanaël Wallenhorst et Jean-Philippe Pierron, avec la contribution de Daniel Curnier)

— Accès à la « pensée complexe » chère à Edgar Morin (cf. *Relier les connaissances. Le défi du XXIe siècle*, éd. du Seuil, 1999)

— Groupements multi-âges nécessaires à l'entraide et au respect des rythmes individuels

— Organisation des éducateurs en équipes, engagés dans des recherches-actions autogérées

— Coéducation et société éducatrice, perspective pour une autre conception de la scolarité

Il est possible et souhaitable d'imaginer les contours d'un Institut de l'éducation et de l'émancipation, ou IDÉÉ, où les enseignants n'auraient qu'un pouvoir partagé avec des scientifiques, des sociologues, des psychologues, des médecins, des représentants et des parents soucieux de faire de l'éducation « l'affaire de tous ».

L'IDÉÉ serait chargé à la fois d'observer et faciliter les recherches-actions entreprises, de les questionner, d'organiser les échanges entre les acteurs, d'aider aux théorisations nécessaires, de faire connaître les réalisations au public et de les faire étudier dans les organismes de formation, de façon à préparer la généralisation de ce nouveau mode de fonctionnement.

Il ne s'agit pas d'une utopie : l'INRP, dirigé par Louis Legrand, a chargé le chercheur Jean Foucambert de mettre en œuvre une politique moins ambitieuse mais de cette nature, au cours des années 1970-1980. La Villeneuve de Grenoble en a pleinement bénéficié. Recherche faite dans l'indifférence ou l'hostilité de l'institution académique.

L'IDÉÉ pourrait aussi initier des liens et des échanges avec les organismes d'éducation populaire, avec les associations de parents, les syndicats, faciliter les relations des projets éducatifs avec les acteurs de la vie industrielle et agricole, et ainsi contribuer à la généralisation de l'idée de « coéducation » et de « société éducatrice ».

L'IDÉÉ aurait pour mission d'organiser cette période de transition sous la responsabilité de l'institution indépendante chargée de gérer l'éducation en tant que bien commun.

Conclusion

Le concept « bien commun » a rendu nécessaire une plongée dans la complexité, une mise en correspondance de champs de réflexion souvent séparés, et la prise de conscience de certaines évidences… Philippe Meirieu, pédagogue militant, et ancien directeur de l'Institut national de recherche pédagogique, se dit « largement d'accord » avec ce texte tout en ajoutant qu'il serait « moins sévère sur Jules Ferry – plus ambigu qu'on ne le croit, voir son compagnonnage avec Buisson – et moins louangeur sur le Manifeste de Bobigny, lequel est resté quand même assez timide ». Il estime enfin qu'il conviendrait de « développer un peu les deux parties finales : "Mise en œuvre" et "Horizons" ».

C'est en effet nécessaire, mais l'ambition de mes réflexions est avant tout de rassembler les raisons d'entreprendre ce développement. Une entreprise que je souhaite, et qui ne peut être que collective. Les signataires de l'appel de mars 2020, notamment les nombreux militants et responsables des principaux mouvements pédagogiques, sont invités à y contribuer. Le site www.educationbiencommun.fr fera écho à ce travail. Et je souhaite que toutes les Émilie (et les Greta !), en tant que sujets de ce bien commun, se fassent entendre dans ce débat.

Et je rêve qu'il en soit de même pour les autres biens communs !

Épilogue

17 mars 2020. Les portes des écoles ferment. Début de l'école à la maison. Des ateliers d'écriture naissent çà et là, à distance. C'est dans le cadre de l'un d'entre eux, animé par Stéphanie, professeure de français, qu'Émilie, 15 ans, élève en classe de troisième en région parisienne, fait entendre sa voix.

Avril : la mésange

C'est une toute petite tache dans un arbre, à peine visible derrière le feuillage. Son chant répétitif troue le silence de la petite rue déserte. Bientôt, ce sont deux petites taches, et les taches se transforment en oiseaux au moment de s'envoler. Elles font leurs habituelles rondes de parents prudents : l'arbre, le pignon d'un toit, le fil du téléphone qui, pour leur plus grand bonheur, n'est pas encore enterré ; et puis une antenne de télévision, la gouttière parfois, et enfin le nichoir, où elles sont accueillies par des pépiements affamés. Elles ne restent pas : au bout de quelques secondes leurs têtes noires et blanches apparaissent et elles s'enfuient dans un grand froufrou de plumes vertes.

La radio raconte toujours la même chose, les gens parlent, parlent, parlent, de temps en temps on dresse l'oreille – ah ! ça, c'est nouveau – et puis on finit par éteindre de toute façon. On en fait même des concours : entre trois invités, qui sera le plus habile pour éluder discrètement la question ? On se demande si ce n'est pas le but du jeu dès le départ, puisque personne ne réagit ; ces experts d'absolument tout perdent un sujet déjà essoré dans les méandres de longues phrases pleines de vide. C'est une des habitudes qui n'ont pas changé. Alors quand ils parlent de bouleversement et de revenir à l'essentiel, on se permet de ne pas y croire et on rit.

Le temps passe et les cris se font plus nets dans le nichoir, on attend le premier envol pour la semaine prochaine. Peut-être qu'il y aura une deuxième nichée avant juin. Au début, les chats du voisinage venaient s'asseoir en dessous, surtout deux, qui sont rentrés chez eux trempés deux ou trois fois après s'être fait attaquer au pistolet à eau. Ce nichoir est notre façon de nous sentir utiles à quelque chose. Dans quelques semaines, des taches vertes viendront peut-être jusqu'à vous zinzinuler l'espoir qu'on nous accorde le droit de vivre. Après tout, elles sont la preuve que la couleur peut s'envoler d'un tombeau.

Personne ne pourra prétendre qu'il n'était pas prévenu. Il y a si longtemps, quelques mois à peine, un vendredi de septembre, nous étions dix mille à Paris mais ce n'était pas assez apparemment, trop peu et trop jeunes pour se faire entendre, et pourtant nous habitions les rues de nos cris avec notre certitude : notre avenir ne nous a jamais appartenu. Il y a aussi ceux qui répétaient qu'ils avaient besoin d'aide, dans les rues, sur nos écrans, qui demandaient désespérément de l'attention au fil de longues banderoles colorées sur les façades blanches des hôpitaux et on ne leur a jamais répondu autrement que par un silence méprisant – étrangement, ce sont les mêmes qu'on applaudit. Il y a de quoi pleurer de rage et éclater de rire. Nous sommes tous les sacrifiés, non ? Faites taire le bruit continu et relayé de ceux qui saturent les canaux de leur vide et écoutez les mésanges, il n'y a rien d'autre à dire. En tout cas pour l'instant.

Remerciements

Merci à Denis Robert et au CNNR pour l'intérêt porté à cet examen de l'un des « biens communs », merci à Stéphanie Sellem, Emmanuèle Buffin-Moreau et Albert Sousbie pour leur lecture attentive et encourageante.

Table des matières

À Magalie, bénévole active du CNNR et membre
du comité de Montpellier, qui nous a quittés cet été.

À Xavier, qui prônait « l'insurrection
des consciences » et restera notre luciole.

Raymond Millot a été charpentier, électricien, agent technique, instituteur à l'école expérimentale « Vitruve », conseiller pédagogique, coordinateur du projet éducatif de la Villeneuve de Grenoble, en lien étroit avec l'INRP.
Sa compagne Rolande lui a transmis sa passion pour une éducation émancipatrice, qu'il met aujourd'hui au service de l'idée de biens communs portée par le CNNR.

Ludivine Bantigny est historienne. Elle travaille notamment sur l'histoire des engagements, des mouvements sociaux et des révolutions. Elle a publié de nombreux ouvrages sur ces sujets.